AF330481

LE
SUFFRAGE UNIVERSEL

EFFETS ANTI-SOCIAUX

ET IMPOSSIBILITÉ DU MAINTIEN DU VOTE ÉLECTORAL ACTUEL

SANS DEGRÉS NI CENS DÉTERMINÉ.

PÉTITION D'UN AGRICULTEUR

à

MESSIEURS LES MEMBRES DE L'ASSEMBLÉE NATIONALE.

Prix : 50 Centimes.

SE VEND A PARIS CHEZ DENTU,

Palais-Royal,

ET CHEZ LES PRINCIPAUX LIBRAIRES DE PROVINCE.

A MESSIEURS LES MEMBRES

DE L'ASSEMBLÉE NATIONALE.

Messieurs,

Permettez qu'usant du droit de pétition accordé à tout Français, je vienne soumettre à votre attention, ou plutôt vous rappeler une mesure, la principale à prendre pour assurer la reconstruction de l'édifice social.

Il s'agit du suffrage universel direct, tel que nous l'ont légué, après la Convention nationale, en 1793, la démagogie et le césarisme préludant aux orgies révolutionnaires qui sont venues aboutir à la ruine de la puissance, de la gloire, et — s'il n'y est pas apporté un remède aussi prompt qu'énergique — de l'honneur de la France.

La première loi à observer pour avoir un gouvernement conservateur, est de confier les destinées de l'Etat à des mains capables et patriotes. Or, notre suffrage universel actuel est une institution immorale, anti-sociale, insensée, dissolvante et inconnue, sans doute par ce motif, des peuples qui ont jusqu'ici habité notre globe. C'est un attentat aux droits les plus sacrés du pays, c'est un véritable crime de lèse-nation ! Le maintenir plus longtemps, serait se rendre coupable ou complice d'une véritable trahison envers son pays.

Ces assertions vont être faciles à démontrer ; et, pour cela, il nous suffira de laisser parler quelques publicistes qui, avant nous, se sont révoltés contre un pareil système. Commençons par reproduire ces réflexions qu'inspirait, en 1835, à un jurisconsulte, annotateur du *Bulletin des Lois*, ce mode de suffrage.

« Le trait politique — dit-il — le plus essentiellement caractéristique de la Convention, se retrouve dans les efforts qu'elle fit pour mettre en action, sur un grand peuple, le séduisant, mais déplorable système du *suffrage universel*. Aux hommes d'étude et de bonne foi, il suffit du résumé d'un petit nombre de vérités pour démontrer le néant et la vanité de cette théorie du suffrage universel. La première, la vérité dominante, consiste en ce que les populations, vivant de leur travail, ne comprennent pas la question déférée à leur arbitrage ; en ce que, dès lors, l'intrigue ou l'ambition tendent à s'emparer des masses pour reconstituer, au profit de quelques-uns, un monopole électoral pire que tous les autres.

« Une seconde et triste vérité est celle-ci : les populations ouvrières ne sont sérieusement préoccupées que de la question quotidienne du gagne-pain, et, lors même qu'un sujet politique doit réagir fortement sur cette vitale question, il leur est rarement donné d'apprécier le point délicat par lequel il y a connexité entre la raison politique et le travail journalier.

« Pour neutraliser ce que, dans ces deux vérités, il y a de dissolvant pour la théorie du suffrage universel, l'homme d'état est nécessairement refoulé vers les lointaines espérances d'une instruction plus répandue, qui suppose la chimérique métamorphose d'un vaste pays en une immense école d'instruction, où il y aurait de la part d'un million de professeurs de toute nature, dévouement, savoir, méthode ; et, de la part des 31 millions d'écoliers, loisir, aptitude et bonne volonté. Or, le moyen est tellemen romanesque, qu'il prête au but toutes les apparences d'une illusion. »

II.

Avant de poursuivre le cours de nos accusations contre le suffrage universel, disons de suite qu'il n'avait jamais existé ainsi organisé, ou plutôt désorganisé, chez aucun peuple civilisé ou sauvage de la terre.

Jamais, depuis l'existence du monde, dans les anciennes Républiques, les plus fougueux démocrates n'avaient osé mettre en pratique un pareil mode de dissolution sociale.

A Rome, le droit de suffrage était aux mains des principaux citoyens de la classe moyenne et de la classe riche. Les indigents jetés dans la dernière centurie, qui, comme les autres, n'avait *qu'une voix*, laissaient nécessairement la prépondérance aux autres classes. Encore, cette dernière classe de citoyens, en présence des esclaves composant les classes ouvrières, et du patronage soumettant les pauvres aux riches, formait-elle une véritable classe de privilégiés que les grandes fortunes rendaient ennemis des révolutions. De même à Athènes et à Sparte, un peuple nombreux ne jouissait pas des droits politiques. Ne voyait-on pas encore à Genève, avant la Révolution française, quatre classes d'habitants : les citoyens, les bourgeois, les habitants et les natifs ? Les deux premières gouvernaient, les autres étaient gouvernées. Chez les Francs, nos ancêtres, les seuls hommes libres qui votaient dans le *Mallum*, et exerçaient les droits politiques, étaient les conquérants qui tenaient courbés sous le joug les vaincus et formaient la majorité de la population.

Dans l'ancienne monarchie, où chaque ordre procédait séparément aux élections pour les Assemblées nationales, le tiers-état, représentant ce qu'on appelle aujourd'hui le peuple, suivait le mode de suffrage à deux degrés. Tous les majeurs domiciliés dans la commune et inscrits au rôle des contributions, nommaient, dans des assemblées *primaires*, des *électeurs* qui, eux, nommaient les députés.

Dans les Constitutions du 22 décembre 1789 et du 3 septembre 1791, données par l'Assemblée nationale, les citoyens admis au droit de suffrage étaient divisés en deux catégories appelées à nommer, l'une, dans les assemblées *primaires*, des électeurs ; et l'autre, dans les assemblées électorales, les représentants de la nation. Les citoyens dits *actifs*, pour voter dans les assemblées primaires du canton, devaient être Français majeurs de 25 ans accomplis, domiciliés *de fait* dans le canton depuis au moins un an, assujétis à une contribution de la valeur de trois journées de travail, et ni domestiques, ni serviteurs à gage.

Pour être éligible dans les assemblées primaires, et pouvoir être *électeur*, en raison de cent citoyens actifs, il fallait, selon la Constitution de 1789, réunir aux qualités de citoyen actif la condition de payer une contribution représentant une valeur totale de *dix* journées de travail ; et, selon la Constitution de 1791, être, dans les villes au-dessus de six mille âmes, propriétaire ou usufruitier d'un bien évalué, sur le rôle des contributions, à un revenu égal à la valeur de 200 journées de travail, ou être locataire d'une habitation évaluée à un revenu égal à la valeur de 150 journées de travail.

Dans les villes au-dessus de six mille âmes, il fallait pour la contribution posséder en propriété ou usufruit un bien évalué à un revenu égal à la valeur locale de 150 journées de travail, ou être locataire d'une habitation évaluée à un revenu égal à la valeur de 100 journées de travail.

Il fallait, dans les campagnes, être propriétaire ou usufruitier d'un bien d'une valeur locale de 150 journées de travail, ou être fermier ou métayer d'un bien d'une valeur de 100 journées de travail.

Les 11 et 12 août 1792 et le 6 juillet 1793, un décret de la Convention nationale supprima la distinction des citoyens actifs et non actifs, et fixa la capacité de l'électeur et de l'éligible à la qualité de Français, à l'âge de 21 ans, à un an de domicile et à l'état de non domesticité.

Le 22 août 1795, la Convention nationale, elle-même, trouvant une telle extension de suffrage contraire aux principes de toute raison et de salut public, rétablit le suffrage à deux degrés. Pour être nommé électeur, par les citoyens admis à voter dans les assemblées primaires, suivant les prescriptions de la Constitution de 1789, il fallait réunir aux qualités nécessaires pour exercer les droits de citoyen français, les conditions de la Constitution de 1791, être, dans les communes au-dessus de 6,000 habitants, propriétaire ou usufruitier d'un bien d'une valeur de 200 journées de travail, ou locataire d'une habitation d'une valeur de 150 journées de travail, ou d'un bien rural évalué à 200 journées de travail. Dans les communes au-dessous de 6,000 habitants, il fallait être propriétaire ou usufruitier d'un bien évalué à 150 journées de travail, ou être locataire d'une habitation ou d'un bien rural évalué à 100 journées de travail. Dans les campagnes, il fallait être propriétaire ou usufruitier d'un bien évalué à 150 journées de travail ou être fermier ou métayer de biens évalués à 200 journées de travail.

La Constitution du 22 frimaire, an VIII (13 décembre 1799)

établissait le droit de suffrage sur d'autres bases, et partageant, pour ainsi dire, ce droit entre le peuple et les pouvoirs constitués, par la nomination laissée aux assemblées communales, d'arrondissement et de département, d'éligibles à choisir par le pouvoir pour les fonctions publiques et nationales, ne remettait pas entièrement au peuple les destinées de la République.

Le Sénatus-consulte du 14 thermidor, an x (9 août 1802) et le Statut du 28 floréal, an xii (8 mai 1804), sous l'Empire, partagèrent les électeurs en assemblées de canton et en colléges électoraux d'arrondissement ou de département ; puis, ils limitèrent le choix des conseillers municipaux aux cent citoyens le plus imposés, et ceux des membres du collége électoral aux six cents citoyens pris sur une liste dressée par ordre du ministre des finances. Cette liste comprenait les citoyens les plus imposés au rôle des contributions foncières et mobilières et au rôle des patentes.

Plus tard, les Chartes et les lois des monarchies de 1814 et 1830 exigèrent des électeurs et des éligibles un cens déterminé.

Selon la Charte de 1814, les électeurs concourant à la nomination des députés devaient payer une contribution directe de 300 francs et être âgés de 30 ans. On ne pouvait être député à moins d'avoir quarante ans et de payer une contribution de mille francs.

La loi du 18 avril 1831 réduisit ces conditions à 25 ans d'âge, au cens de 200 francs en général et de 100 francs pour les membres correspondant de l'Institut et les officiers de l'armée jouissant d'une retraite de 1,200 francs.

III.

Comme on le voit, le droit commun en France est que
dans le peuple, tous ne peuvent être capables du plein
exercice des droits politiques, et en exigeant par la fixation
d'un cens déterminé, ou par le droit de suffrage à deux
degrés, une capacité indispensable,, on ne s'est jamais dé-
parti de cet ordre d'idées, que le droit de suffrage ne pouvait raisonnablement appartenir qu'aux citoyens véritable-
ment intéressés au maintien du gouvernement et de la
société.

« D'après l'école historique — disait dernièrement dans
la *Revue des Deux-Mondes* un publiciste distingué — les institutions sont le résultât nécessaire des instincts, des tra-
ditions, de toute l'histoire d'un peuple : et c'est en vain
qu'il tenterait de se soustraire à cette fatalité. S'il la mécon-
naît et s'il veut se donner des institutions que son tempé-
rament ne comporte pas, il ne fera qu'accumuler des rui-
nes. Une nation n'est pas libre d'adopter la forme de gouvernement la plus conforme à la raison ; il faut tenir compte
des mœurs, des idées, des lumières, des intérêts, de la si-
tuation créée par l'histoire. C'est en interrogeant la raison
qu'on découvre ce qui est le meilleur ; c'est en tenant
compte de la tradition qu'on voit ce qui est possible. »

Eh bien ! chez nous la tradition nous apprend que le droit
de vote, le droit politique de nomination des représentants
de la nation, doit être réglé de manière qu'il n'appar-
tienne qu'à la capacité, la moralité et la propriété.

M. Ledru-Rollin et Napoléon III, en établissant ou
maintenant le suffrage universel sans restriction, savaient
trop bien ce qu'ils faisaient. Le seul moyen d'assurer les

*

tyrannies démagogiques et impériales était de s'assurer une masse de partisans capables de faire plier toutes les volontés sous l'impulsion de la puissance dirigeante.

Ce n'était pas dans les propriétaires surtout qu'on devait la trouver. Amis de l'ordre existant, la nouveauté est sans charme pour eux ; et s'ils l'admettent ce n'est qu'après en avoir calculé les chances. La République de 1848 et le second Empire voulurent leur opposer la classe nombreuse de ceux qui n'ont rien et peuvent tout gagner dans un changement. Ces gens sont toujours prêts : un coup de sifflet les rassemble. Leur montrer le butin, c'est les conduire à la victoire.

Bien que l'on sût que l'égalité sociale était de droit et non de fait, et que ceux qui avaient fourni leur mise dans la société, devaient seuls partager le droit de la gouverner, ils leur substituèrent, pour mieux arriver à leurs fins, ceux qui n'avaient rien à conserver, mais avaient tout à prendre. Ils remplacèrent le peuple français par le *peuple sans-culotte.*

Les lois électorales, pour être bonnes, ne doivent ouvrir le droit d'élection qu'à ceux qui sont capables d'en faire un usage à la fois libre, intelligent et utile. Au delà ou en deçà de cette limite, il y a péril pour les libertés du pays. Ce qui se passe à l'ombre d'une loi permettant de nommer les représentants du pays et de régler ainsi ses destinées, à une foule trop souvent sans mesure, sans intelligence, sans propriété, sans intérêts à la conservation de la société, nous n'avons pas besoin de vous le raconter en détail. Le suffrage universel, abusé par une presse indigne et violente, par des ambitions sans scrupules, s'est montré le plus souvent incapable de comprendre même aucune des questions principales posées devant lui. Aussi, quatre révolutions en quarante ans, l'absence de toute croyance, l'oubli de tous les devoirs, la dissolution de tous les liens sociaux, le seul culte du pouvoir et de l'or, la seule passion des jouissances les plus coupables, le manque de foi dans tout gouvernement, la France livrée à de vils ambitieux faisant métier de corrompre la population pour mieux satisfaire leur ambition, vendue à toutes les folies, à tous les déshonneurs, et, au moment où l'ennemi a mis le pied sur elle, égorgée dans ses plus nobles enfants, incendiée dans ses célèbres monuments, et jetée sur le bord d'un abîme où elle est menacée de sombrer à chaque instant, voilà le bilan du suffrage universel !

Comment ! des gens croupissant dans la plus sale ignorance et livrés à tous les vices, sont, à force d'abrutissement, arrivés à perdre jusqu'à l'instinct du bien et du mal ; ils ont juré une haine implacable aussi bien à la propriété qu'à toute espèce de supériorité ; imbus du catéchisme de l'*Internationale*, leur œuvre journalière est la destruction de la société, et on leur a concédé les mêmes droits qu'à l'homme d'ordre, moral, économe, qui garantit à cette société, par la possession d'un patrimoine le plus souvent fruit de son travail et de ses sueurs, sa conservation et son perfectionnement dans les voies d'une sage et véritable liberté !!

Quel spectacle que celui de malheureux ouvriers, qui, pervertis par des doctrines subversives, obéissant aveuglément au mot d'ordre d'un anonyme, viennent pleins de liqueurs alcooliques jeter dans l'urne d'où va sortir le nom des souverains de la France, un bulletin imprimé qu'ils ne savent pas lire et qu'on leur a peut-être déjà échangé violemment plusieurs fois !

Où est la liberté, le patriotisme de cette tourbe votant comme un seul homme, sans réflexion ni discussion, pour les corrupteurs, aussi bien ses ennemis que ceux de tout gouvernement honnête ?

On s'étonne de tant d'abstentions ; mais les partis conservateurs qui raisonnent et discutent, s'entendraient-ils au lieu d'être déplorablement divisés, ils seraient souvent débordés par une foule aveugle, à la fois insouciante de posséder et de s'assurer un pécule, et avide de prendre et de dissiper.

Comme le plus souvent, le mal appuyé de l'audace, de l'intrigue, de la calomnie et de l'emploi des plus condamnables manœuvres, l'emporte sur le bien, les honnêtes gens, les timides et les ennemis de toute voie qui n'est pas droite, s'abstiennent en masse et laissent le champ libre aux mauvais. Hélas ! ces abstentions, toutes coupables qu'elles soient — car plus la société est menacée et plus elle doit se défendre vigoureusement — doivent être en même temps et une éloquente protestation contre une loi de destruction, et un puissant enseignement pour le législateur : une mise en demeure d'apporter au mal un prompt remède.

IV.

Limiter le suffrage universel sera, dira-t-on, violer les droits du peuple souverain, attenter aux principes sacrés de l'égalité et de la souveraineté du peuple.

L'égalité n'a rien à faire ici. Est-ce que le principe de l'égalité est tellement absolu, que tous les citoyens sans distinction doivent exercer leur droit civique ? Non, quoi qu'on fasse, il faudra toujours admettre des incapacités, des indignités. De même que la liberté consiste à pouvoir faire ce qui ne nuit pas aux droits d'autrui, l'égalité, lit-on dans le préambule de la Constitution du 22 août 1795, consiste en ce que la loi est la même pour tous, soit qu'elle protège, soit qu'elle punisse.

L'égalité, telle qu'elle ressort des principes de 89, est la justice rendue également à tous, et l'admissibilité de tout citoyen, suivant sa *capacité*, aux fonctions et aux emplois publics, sans qu'on puisse lui opposer une fin de non-recevoir fondée sur sa position sociale et son origine. Etes-vous incapable, indigne des fonctions publiques, l'égalité ne sera pas violée parce qu'on vous en écartera. Au contraire, l'égalité en serait alors profondément blessée, comme le fait observer l'auteur de la brochure de la *Réforme et de l'organisation du suffrage universel*, parue tout dernièrement.

« Ce n'est pas de l'égalité, que de ramener au même niveau des situations différentes, l'homme mûr et l'adolescent, le père de famille et le célibataire, le savant et l'ignorant, le riche et le pauvre ? Leur donner à tous la même somme de droits sans avoir égard ni aux charges, ni aux devoirs, ni aux lumières, n'est-ce pas aussi contraire au bon sens qu'à la logique.

« Ecoutez le langage que tient implicitement la loi qui applique, comme on sait, le suffrage universel, et vous jugerez si c'est bien là le langage de l'égalité. Vous ! vieillard, et vous homme mûri par la réflexion et par l'expérience d'une longue carrière, devant le scrutin vous n'êtes pas plus que ce jeune homme de 21 ans.... Vous, patron d'un atelier, chef de commis ou d'ouvriers, et de la conduite desquels vous avez, jusqu'à un certain point, la responsabilité morale, la loi électorale ne vous reconnaît pas plus de droit qu'au dernier de ces hommes qui vous doivent leur pain quotidien ! Bien plus, le jour de l'élection ils peuvent, par leur vote, écraser l'atelier qui leur permet de vivre.... Vous, grand propriétaire qui payez un lourd impôt, devant l'urne électorale vous n'avez pas plus d'intérêt à défendre et à

protéger, et souvent moins d'influence que le dernier journalier exempt de toute taxe directe.... Vous, fonctionnaire éle-
vé, que votre capacité et vos services ont promu aux emplois
les plus considérables, comme électeur vous ne pèserez
pas plus que le dernier surnuméraire des contributions in-
directes.... Vous, homme versé dans l'étude des sciences
ou des lettres ; vous, que le travail intellectuel place bien
au-dessus du commun de vos concitoyens, le bulletin d'un
idiot vaut le vôtre....

« Ce n'est pas là de l'égalité, c'est du *nivellement*....

« L'égalité absolue est un mensonge, une dérision. Est-
ce qu'elle a jamais existé quelque part ? Vous parlez d'égalité, et il n'y a pas dans tout l'univers deux êtres parfaite-
ment égaux !.... Notre égalité, elle est contraire aux lois
de la nature, contraire aux lois de l'ordre, et par consé-
quent elle ne peut enfanter que le désordre. Ce n'est
qu'un privilége : le privilége du prolétariat sur la richesse,
de l'ignorance sur la science, de la paresse sur le travail,
du désordre sur l'ordre. L'égalité équitable, non sophisti-
que et vraiment sociale, consisterait à conférer à chacun
des droits en rapport avec son aptitude, ses charges, sa responsabilité.... L'équation posée par la loi actuelle révolte
à la fois le bon sens et les règles de l'arithmétique. »

En resumé, disons-le encore avec le même auteur :

« Le suffrage universel, tel qu'il fonctionne depuis 1848,
est une insulte à l'égalité au nom de laquelle, cependant,
ses fondateurs prétendaient l'établir ; car des éléments di-
vers dont la réunion constitue l'état social, la religion, la
famille, la propriété territoriale ou industrielle, l'instruction, ils ne représentent que l'élément infini et brutal, le
nombre. Ce qui forme la base, les assises de la société, est
non-avenu par le suffrage universel. Comment s'étonner
qu'il nous ait conduit en si peu d'années et, par une série

d'avilissements incroyables, à cet abîme où semble s'être enseveli le caractère français ? »

V.

Pas plus que les droits de l'égalité, on ne blessera les droits de la souveraineté du peuple.

En effet, il ne faut pas ici entendre par le mot *peuple*, et à plus forte raison par le mot peuple souverain, la masse entière des habitants d'un empire sans distinction, mais seulement ceux qui sont capables d'être citoyens, de disposer des destinées du pays, d'être membres du souverain.

L'homme doué du moindre bon sens comprendra que la souveraineté, le droit de régler les destins de la nation et de maintenir la société, ne peut appartenir qu'à ceux qui peuvent comprendre leur mission et ont intérêt à la conservation de cette société. Ceux-là, seuls, doivent composer le peuple dans une République bien organisée. Ceux-là, seuls, sont vraiment des citoyens.

« Dans l'état populaire (la démocratie), dit Montesquieu (*Esprit des Lois*), il faut diviser le peuple en certaines classes ; et c'est dans la manière de faire cette division que les législateurs se sont signalés. C'est de là qu'ont toujours dépendu la durée de la démocratie et sa prospérité. »

Il faudra donc distinguer deux classes d'hommes dans l'Etat : celle des citoyens, c'est-à-dire de ceux qui, ayant des propriétés à conserver, sont intéressés à la prospérité de la chose publique ; et celle de ceux qui, n'ayant rien, ne désirent le plus souvent que des variations capables de leur procurer quelque chose.

Chez toutes les nations civilisées, le peuple a toujours été partagé en deux classes : les propriétaires et les non-propriétaires. Partout, la seconde classe plus nombreuse que la première, a été écartée des droits de suffrage jusqu'à ce que ses membres devenus *possesseurs*, aient acquis, par l'effet de leur intérêt à la conservation de la chose publique, la capacité de régler les destinées du pays.

Ecoutons un publiciste qui a écrit pendant la première République l'histoire philosophique de la Révolution de France :

« Dans toutes les sociétés policées — dit-il — la classe de ceux qui ne possèdent rien ou presque rien est infiniment plus nombreuse que celle entre les mains de laquelle se trouvent les richesses territoriales et de convention.

« Cette distribution n'est point l'effet du hasard ou des vices de l'aggrégation sociale ; elle tient invinciblement à la nature des hommes, les uns laborieux et actifs, les autres paresseux et nonchalants, les uns robustes et les autres faibles, les uns prodigues et les autres avares. Admettez une distribution égale des terres d'un vaste empire entre tous les habitants sans distinction ; l'égalité des moyens résultant de cette mesure sera de courte durée....

« Si la nature, en créant les hommes, avait voulu qu'ils fussent égaux entre eux, elle leur eût donné la même taille, la même force, la même étendue de génie, la même énergie de l'âme et les mêmes inclinations.

« Cette distribution du peuple en deux classes est tellement liée à la nature des hommes, qu'il n'est pas au pouvoir du législateur d'en substituer une autre.

« En vain on partagerait les terres, la même disproportion reparaîtrait bientôt, et, pour l'arrêter, il faudrait non-seulement, niveler les fortunes, mais éteindre chez les hommes toutes les connaissances acquises et ce goût des jouissances dont l'habitude leur a fait un besoin. Il faudrait les amener à cette ignorance, à cette simplicité qu'on suppose avoir été l'apanage des hommes errant dans les forêts avant l'invention des arts. Cette marche rétrograde est impossible.

« Il faut prendre les hommes comme ils sont ; un système de constitution doit se concilier avec l'industrie, la population et le caractère du peuple qui veut avoir des lois nouvelles. Il ne s'agit pas d'établir un ordre de choses pour des êtres imaginaires, pour des hommes simples amis les uns des autres, et demandant seulement d'être dirigés vers le bien que tous veulent faire : mais il est question de forcer de vivre en paix des hommes dont l'intérêt se choque perpétuellement, et dont un égoïsme cruel et destructeur conduit presque toutes les actions.

« On lit dans les lettres de Cicéron à Albicus, les réflexions suivantes sur les *Sans-culottes* de son temps : Croit-on que le peuple romain soit cette populace qui se loue à prix d'argent pour violenter ses magistrats, pour assiéger le sénat et pour se livrer, au premier signal, aux rapines, aux massacres, aux incendies ? Croit-on que le peuple romain soit une troupe de factieux, sans mœurs comme sans asile, conduite par des Lentulus, des Lochius, des Servius ; certes des gens de cette trempe se flatteraient en vain de représenter la majesté de l'empire.

« C'était chez les Romains comme chez nous ; les hommes sont les mêmes partout, *Natura semper sibi consona.* Partout les non-propriétaires furent et seront les ennemis des propriétaires. Les uns regardent la prospérité publique comme le germe de leur prospérité particulière ; ils sont amis de l'ordre et de la paix. Les autres, n'ayant rien à perdre, ne voient tout changement que comme un mieux-être ; ils vont au devant des innovations de tout genre. Les propriétaires veulent conserver ce qui existe ; les non-propriétaires désirent le désordre qui déplace. Pourquoi n'avez-vous rien, leur disent les démagogues ? — C'est parce que les propriétaires ont tout ; la nature ne l'entend pas ainsi. Les riches ne sont pas plus son ouvrage que les nobles ; elle n'a fait que des *égaux*. De là cette éternelle conspiration des non-possédants contre les possédants : rébellion quelquefois sourde, et quelquefois ouverte, qui, se montrant tantôt contre les particuliers, tantôt contre l'association générale, tantôt dans l'ombre de la nuit et les solitudes, et tantôt à découvert et au grand jour, a pour objet cette maxime du droit naturel : « *Ote-toi que je prenne ta place.* »

« Dans le cours ordinaire des choses, quand les non-propriétaires n'exercent aucun droit politique, cette rebellion trouble l'état social sans le renverser. Les non-propriétaires obéissent aux lois qui leur sont imposées, sauf à les violer secrètement quand ils le peuvent, et à être pendus quand on les y prend. Lorsque, par l'effet d'une révolution, ils deviennent maîtres ; lorsque les droits du citoyen sont envahis par l'ennemi naturel de la cité, il en est d'elle alors comme d'une ville prise d'assaut ; les vainqueurs changent de condition avec les vaincus, s'établissent à leur place ; il se fait une subversion totale.

« On nous parle toujours du peuple, il est la source de tous les pouvoirs, et la souveraineté lui appartient. Mais, Aristote en admettant cette vérité avec tous les anciens philosophes, distingue avec soin le peuple *(populus)*, et la multitude *(popularis multitudo)*. Il compose la multitude des mercenaires qui passent leur vie sur la place publique, des mariniers d'Athènes, des bateliers de Ténédos, des brocanteurs d'Egines et de tous les *Sans-culottes* de son temps.

« Admettez-les dans le droit d'élection et d'éligibilité, et, en général, à voter dans les affaires publiques, ils seront à l'instant les maîtres, non-seulement par leur nombre, mais par la nature de leurs dispositions. Le propriétaire craint toujours de se compromettre ; au moindre bruit il se retire. Le non-propriétaire, au contraire, ose tout parce qu'il ne risque rien. Les chefs osent encore davantage parce qu'ils espèrent que les innovations faites par le peuple tourneront à leur avantage particulier.... Pour venir à bout de leurs perfides desseins, ils inventent des conspirations, ils proposent le partage des terres, ou dénoncent les propriétaires pour confisquer leurs propriétés. Tantôt persuadant au peuple que sa volonté doit tenir lieu de loi, ils fomentent son mépris pour la règle et son amour pour l'indépendance ; et, tandis qu'il s'enivre de l'opinion de sa puissance, les démagogues se rendent tout-puissants dans l'Etat, parce que, par l'ascendant qu'ils ont su prendre, ils dirigent le peuple à leur gré, jusqu'à ce que d'autres ravissent leur popularité pour s'investir d'un pouvoir aussi formidable et aussi fragile que celui de leurs prédécesseurs.

« Un pareil gouvernement ne peut subsister.

« Les caractères essentiels et distinctifs qui constituent les membres du vrai peuple souverain dans toute association politique, sont la résidence et la propriété. Celui-là, seul, est citoyen membre de la cité, qui remplit ces deux conditions nécessaires pour constituer la nation elle-même. Dans ces citoyens seuls réside la souveraineté.

« Non-seulement les seuls propriétaires ont droit de régir la société, mais eux seuls ont intérêt à la bien régir.

« L'intérêt est le plus souvent le mobile des actions humaines. Le propriétaire enchaîné à l'Etat par les liens les plus forts voit sa prospérité particulière dans la prospérité publique.

« Ecoutez ce nouveau Diogène prêcher le mépris des

richesses, provoquer, par ses discours chaleureux, des sacrifices auxquels il ne prendra aucune part ! Que· lui importe le bouleversement de toutes les fortunes, lorsque la· sienne, placée dans l'asile impénétrable du néant, est hors de toute atteinte ? Que cent mille familles soient réduites au désespoir par la féroce ineptie d'un Cambon, il applaudira secrètement à une subversion qui réduit les riches à son niveau, qui les soumet à une égalité de misère...

« Posséder sans effort est un désir naturel à l'homme. Partout le paresseux frélon convoite les trésors recueillis laborieusement par l'industrieuse abeille ; partout les jouissances des riches sont enviées par celui que sa place dans la société condamne au travail. Quiconque flattera ce penchant naturel sera écouté avec avidité ; c'est un appas auquel la multitude se laisse toujours prendre ; plus les hommes auxquels on le présentera seront dépourvus de lumière, plus il aura d'attraits pour eux. La chimère de l'égalité, dit Raynal, est la plus dangereuse de toutes celles dont on repaît les hommes. Prêcher ce système à la multitude ce n'est pas lui rappeler ses droits, c'est l'inviter au meurtre et au pillage...

« Quels services n'auraient pas été rendus à notre patrie, si une loi sévère eût rappelé les hommes à cette vérité politique, qu'il existe, dans toutes les sociétés humaines, deux classes d'individus aussi différents par leur nature que par leur esprit: ceux qui, ayant fourni leur mise dans l'association légale, sont membres du souverain; et ceux qui, n'étant que simples habitants et n'ayant rien, n'ont d'autres droits dans l'État que d'y être protégés.

« Si le non-propriétaire ne participe pas d'une manière active au droit de faire les lois, la protection que lui donne la société lui laisse le noble espoir de parvenir à cette prérogative lorsque, par ses travaux, ses économies et sa bonne

conduite, il aura vaincu l'obstacle qui s'oppose à son ad-
mission. »

Rien n'est plus juste, ni même plus libéral que ces der-
nières réflexions : en effet, si nous demandons qu'une
classe de personnes n'ayant pas encore acquis leurs droits
de citoyen, ou plutôt l'aptitude à les acquérir, soit écartée momentanément de l'urne électorale, ce n'est pas que
nous voulions des classes privilégiées; nous sommes trop
partisan de la vraie égalité pour cela.

Comme homme, comme citoyen capable d'être partie du
souverain, nous estimons — et nous ne craignons pas de
le proclamer hautement — à l'égal du plus noble et du
plus riche, l'homme pauvre et de la plus infime origine,
l'ouvrier, l'artisan gagnant honnêtement sa vie et celle de
sa famille à la sueur de son front. Pour nous, cet homme
parvenu à s'élever par son industrie, nous paraît plus mé-
ritant que celui qui n'a fait que trouver en naissant une
position faite.

Si celui qui ajoute aux mérites de nombreux aïeux les
siens propres a acquis un degré de supériorité, le premier
de son nom, le fils de ses œuvres doit avoir sa large part
d'honorabilité et de considération.

VI.

Si, par suite de ces développements, il faut conclure que
l'Etat le mieux gouverné est celui où tous les habitants,
propriétaires, possesseurs inscrits au rôle pour une somme
suffisamment déterminée , exercent le droit civique de
vote et concourent à la formation des lois qui régissent
la cité; si, pour avoir méconnu ce principe de tous les
temps, la France se meurt agonisante dans les convulsions

de la démagogie et du socialisme ; « s'il est démontré — et ici nous ajoutons les expressions de M. Léopold de Gaillard dans le *Correspondant* de juillet — que le suffrage universel livré à lui-même, ne sait qu'emporter une à une les digues de l'ordre social, et s'il est certain que la société ne doit pas périr, il faudra forcément que le suffrage universel reçoive enfin des pouvoirs qu'il a constitués, une organisation quelconque, comme le droit de posséder, de se marier, de tester, qui sont des droits tout aussi naturels que le droit de voter.... »

Donc à vous, nos représentants, dans les bras desquels la France s'est jetée pour chercher son salut, à vous de nous délivrer du plus horrible instrument de mort suspendu sur nos têtes. Pendant qu'il est encore temps, coupez le mal dans sa racine. Déjà a sonné l'heure fatale où les sauvages prophéties de l'Internationale méditant la ruine générale, ont commencé à s'accomplir.

« La société doit périr ! elle périra ! — Le fusil d'une main, la torche de l'autre, nous allumerons l'incendie de la rédemption ! »

Elle a dit cela, l'Internationale, et dans la capitale de la France le feu a exercé ses premiers ravages.

Aux Antilles, à l'occasion de l'insurrection des bandes noires, un accusé disait devant le conseil de guerre : « La République est venue, et dès ce moment tout le monde eut l'idée d'incendier. » « Que les républicains recueillent cette parole, reprend à ce sujet le journal *Le Monde*. C'est aux hommes qui interprètent ainsi la liberté qu'ils ont donné le suffrage universel, cet engin terrible de destruction qui ébranle le vieux monde et auquel le nouveau ne saurait résister.... »

Admettrez-vous plus longtemps à l'exercice de la souveraineté nationale celui qui fait le métier de conspirer contre la société, et qui, s'il n'est pas lui-même naturellement complice des assassins, des incendiaires et des voleurs, l'est au moins moralement par sa stupidité.

« Le peuple, dit Montesquieu, qui a la souveraine puissance, doit faire par lui-même tout ce qu'il peut BIEN *faire*; et ce qu'il ne peut pas bien faire, il faut qu'il le fasse par ses ministres.... Les sentences du peuple sont ses *volontés*. » Or, pour avoir le droit de suffrage, il faut être capable d'une volonté. Celui qui ne peut avoir une volonté propre par suite, soit de sa dépendance des autres, soit de son ignorance, soit de sa faiblesse de caractère le mettant à la merci du premier charlatan venu, doit nécessairement être, sinon complètement exclu, au moins éloigné, tant que dure son incapacité, du droit de suffrage.

Déjà la maison a commencé de brûler, il faut se hâter!

Surtout ce qu'il ne faut pas oublier : c'est que, s'il nous reste encore quelque chance de salut, cette chance repose principalement dans une bonne loi électorale, une autre que celle qui nous perd.

Nous vous avons confié, Messieurs, une noble et grande mission : celle de nous sauver. Accomplissez-la jusqu'au bout, quoi qu'on tente et fasse contre vous.

Voyez-vous? La France, le peuple français est à vos genoux. Le peuple dont je parle ici, ce sont les Français de toutes classes : le riche et le pauvre, l'homme de loisir et le travailleur, le patron et l'ouvrier honnête et laborieux, qui comprend que pour décider des destinées de l'État, il faut posséder cette capacité que tous n'ont pas, mais que chacun peut conquérir sous l'empire de la vraie égalité.

Ce dernier battra des mains avec nous, quand vous les aurez arrachés, lui et ses frères indignement abusés, aux corruptions et aux violences de ces criminels charlatans qui se servent, pour le triomphe momentané d'ambitieuses et de révolutionnaires passions, de pauvres ignorants dont leur succès doit assurer la ruine.

Oui, le bon peuple sera avec vous, quand vous aurez arraché le vote de perdition des mains de la démagogie et de l'Internationale ; quand vous aurez fait disparaître cet instrument de ruine imminente dont les uns se servent pour se suicider, et les autres ne veulent pas se servir pour se défendre.

Peu vous importe que, pendant que les mauvais attisent la flamme, les bons fatigués de lutter fuient ; il faut suppléer à cette lâche faiblesse des gens d'ordre et jeter dans la mêlée l'autorité souveraine dont ils vous ont investis.

En même temps qu'il serait bon d'infliger une peine aux indifférents qui refusent de voter, oubliant que tout droit constitue un devoir, il est indispensable de venir au secours des patriotes, de les aider à remplir leur mission, et, pour cela, de faire tomber les barricades que la révolution leur dresse dans le chemin de l'urne électorale.

Hâtez-vous ! N'attendez pas que, nommée à l'aide de ce mode de suffrage universel que vous aurez laissé subsister, une nouvelle Chambre de démagogues qui demandent à vous dissoudre pour vous remplacer, achève de ruiner et de tuer la France déjà trop abattue sous les doubles coups de l'étranger et de ses enfants !

Ne l'oubliez pas surtout, vous que le pays un moment revenu de ses erreurs et de ses défaillances, a choisis parmi les patriotes les plus recommandables par leurs idées d'ordre et leur courage dans la bataille : le système actuel de suffrage universel, si, par un bonheur inoui, il ne nous conduit pas tout droit au règne de l'Internationale, doit immanquablement nous mener tour à tour au despotisme démocratique et au despotisme césarien, deux démocraties serviles toujours gravitant vers l'arbitraire d'où elles sortent pour y rentrer.

Comment faut-il modifier notre loi électorale ? — Vous le savez mieux que moi, Messieurs ; vous connaissez nos différents systèmes électoraux pratiqués dans les meilleurs temps de notre histoire. Ne pourrait-on pas revenir aujourd'hui, en les modifiant ou les fusionnant — si vous le croyez nécessaire — à celle de nos anciennes Constitutions que vous aurez crue la mieux appropriée au temps et aux circonstances.

La seule possible — ne le perdez pas de vue — sera celle qui aura appuyé le droit de suffrage sur la capacité fondée sur la propriété et l'honorabilité ; la meilleure sera toujours celle qui aura fait la plus large part aux plus intéressés à la conservation de l'ordre social.

Si en mêlant sa faible voix à celle de tant de Français épouvantés, l'auteur de cette brochure parvient à activer votre désir de rayer de nos codes une loi de mort certaine, il pourra s'applaudir d'avoir, lui aussi, apporté sa pierre à la reconstruction de l'édifice prêt à s'écouler.

Comte de SÉMAINVILLE,

Agriculteur à Carqueiranne, Hyères (Var).

4937 — Toulon, Typ. et Lith. F. ROBERT, boulevard de Strasbourg.